This Book Belongs To

_____

_____

_____

_____

_____

_____

_____

January

1 _____

2 _____

3 _____

4 _____

5 _____

6 _____

7 _____

8 _____

8 _____

9 _____

10 _____

11 _____

12 _____

13 _____

14 _____

15 _____

January

16 _____   24 _____
_____   _____
17 _____   25 _____
_____   _____
18 _____   26 _____
_____   _____
19 _____   27 _____
_____   _____
20 _____   28 _____
_____   _____
21 _____   29 _____
_____   _____
22 _____   30 _____
_____   _____
23 _____   31 _____
_____   _____

February

1 _____
2 _____
3 _____
4 _____
5 _____
6 _____
7 _____
8 _____

8 _____
9 _____
10 _____
11 _____
12 _____
13 _____
14 _____
15 _____

February

16 _____

17 _____

18 _____

19 _____

20 _____

21 _____

22 _____

23 _____

24 _____

25 _____

26 _____

27 _____

28 _____

29 _____

March

1 _____

2 _____

3 _____

4 _____

5 _____

6 _____

7 _____

8 _____

8 _____

9 _____

10 _____

11 _____

12 _____

13 _____

14 _____

15 _____

March

16 _____   24 _____

17 _____   25 _____

18 _____   26 _____

19 _____   27 _____

20 _____   28 _____

21 _____   29 _____

22 _____   30 _____

23 _____   31 _____

April

1 _____

2 _____

3 _____

4 _____

5 _____

6 _____

7 _____

8 _____

8 _____

9 _____

10 _____

11 _____

12 _____

13 _____

14 _____

15 _____

April

16 _____

17 _____

18 _____

19 _____

20 _____

21 _____

22 _____

23 _____

24 _____

25 _____

26 _____

27 _____

28 _____

29 _____

30 _____

May

1 _____   8 _____
  _____   _____
2 _____   9 _____
  _____   _____
3 _____   10 _____
  _____   _____
4 _____   11 _____
  _____   _____
5 _____   12 _____
  _____   _____
6 _____   13 _____
  _____   _____
7 _____   14 _____
  _____   _____
8 _____   15 _____
  _____   _____

May

16 _____   24 _____
_____   _____
17 _____   25 _____
_____   _____
18 _____   26 _____
_____   _____
19 _____   27 _____
_____   _____
20 _____   28 _____
_____   _____
21 _____   29 _____
_____   _____
22 _____   30 _____
_____   _____
23 _____   31 _____
_____   _____

June

1 _____   8 _____
  _____   _____

2 _____   9 _____
  _____   _____

3 _____   10 _____
  _____   _____

4 _____   11 _____
  _____   _____

5 _____   12 _____
  _____   _____

6 _____   13 _____
  _____   _____

7 _____   14 _____
  _____   _____

8 _____   15 _____
  _____   _____

June

16 _____   24 _____

17 _____   25 _____

18 _____   26 _____

19 _____   27 _____

20 _____   28 _____

21 _____   29 _____

22 _____   30 _____

23 _____

July

1 _____   8 _____
_____   _____
2 _____   9 _____
_____   _____
3 _____   10 _____
_____   _____
4 _____   11 _____
_____   _____
5 _____   12 _____
_____   _____
6 _____   13 _____
_____   _____
7 _____   14 _____
_____   _____
8 _____   15 _____
_____   _____

July

16 _____

17 _____

18 _____

19 _____

20 _____

21 _____

22 _____

23 _____

24 _____

25 _____

26 _____

27 _____

28 _____

29 _____

30 _____

31 _____

August

1 _____   8 _____
_____   _____
2 _____   9 _____
_____   _____
3 _____   10 _____
_____   _____
4 _____   11 _____
_____   _____
5 _____   12 _____
_____   _____
6 _____   13 _____
_____   _____
7 _____   14 _____
_____   _____
8 _____   15 _____
_____   _____

August

16 _____   24 _____
_____   _____
17 _____   25 _____
_____   _____
18 _____   26 _____
_____   _____
19 _____   27 _____
_____   _____
20 _____   28 _____
_____   _____
21 _____   29 _____
_____   _____
22 _____   30 _____
_____   _____
23 _____   31 _____
_____   _____

September

1 _____

2 _____

3 _____

4 _____

5 _____

6 _____

7 _____

8 _____

8 _____

9 _____

10 _____

11 _____

12 _____

13 _____

14 _____

15 _____

September

16 _____   24 _____

17 _____   25 _____

18 _____   26 _____

19 _____   27 _____

20 _____   28 _____

21 _____   29 _____

22 _____   30 _____

23 _____

October

1 _____

2 _____

3 _____

4 _____

5 _____

6 _____

7 _____

8 _____

8 _____

9 _____

10 _____

11 _____

12 _____

13 _____

14 _____

15 _____

October

16 _____   24 _____

17 _____   25 _____

18 _____   26 _____

19 _____   27 _____

20 _____   28 _____

21 _____   29 _____

22 _____   30 _____

23 _____   31 _____

November

1 _____
_____

2 _____
_____

3 _____
_____

4 _____
_____

5 _____
_____

6 _____
_____

7 _____
_____

8 _____
_____

8 _____
_____

9 _____
_____

10 _____
_____

11 _____
_____

12 _____
_____

13 _____
_____

14 _____
_____

15 _____
_____

November

16 _____   24 _____

17 _____   25 _____

18 _____   26 _____

19 _____   27 _____

20 _____   28 _____

21 _____   29 _____

22 _____   30 _____

23 _____

December

1 _____

2 _____

3 _____

4 _____

5 _____

6 _____

7 _____

8 _____

8 _____

9 _____

10 _____

11 _____

12 _____

13 _____

14 _____

15 _____

December

16 _____

17 _____

18 _____

19 _____

20 _____

21 _____

22 _____

23 _____

24 _____

25 _____

26 _____

27 _____

28 _____

29 _____

30 _____

31 _____

www.ingramcontent.com/pod-product-compliance
Lightning Source LLC
Chambersburg PA
CBHW040002290426

43673CB00078B/353